文化	世界の動き	西暦
	1541 カルバンの宗教	1540
1549 ザビエル、鹿児島に上陸し、の布教はじめる		
1562 大村純忠、肥前に教会を建立		
1569 織田信長、フロイスの布教を許す	1568 オランダ独立戦争（―1648）	
1574 狩野永徳『洛中洛外図屏風』	1571 レパントの海戦	
1576 狩野永徳、安土城の襖絵を描く		
1582 大友・大村・有馬の3大名、少年使節をローマに派遣	1583 ガリレオ、振子の等時性の原理発見	
1585 千利休、正親町天皇に献茶		
1587 豊臣秀吉、聚楽第をつくる		
豊臣秀吉、キリスト教を禁止	1588 イギリス、無敵艦隊を撃破	
北野大茶の湯		
1591 千利休、自殺		
1594 豊臣秀吉、伏見城を築く		
	1600 イギリス、東インド会社設立	1600
1603 出雲の阿国、京で歌舞伎踊り上演	1602 オランダ、東インド会社設立	
1607 林羅山、幕府の儒者となる		
1609 豊臣秀頼、方広寺大仏殿着工	1620 清教徒、新大陸に移住	
1615 本阿弥光悦、鷹峰に村をつくる		1620

目　次

武田信玄	文・松下忠實 絵・岩本暁顕	6
織田信長	文・松下忠實 絵・渡辺勝巳	20
豊臣秀吉	文・松下忠實 絵・福田トシオ	34

千利休	文 松下忠實　絵 福田トシオ	48
上杉謙信	文 松下忠實　絵 福田トシオ	50
狩野永徳	文 松下忠實　絵 福田トシオ	52
角倉了以	文 松下忠實　絵 福田トシオ	54
本阿弥光悦	文 有吉忠行　絵 大久保浩	56
石田三成	文 松下忠實　絵 福田トシオ	58
加藤清正	文 松下忠實　絵 福田トシオ	60
読書の手びき	文 子ども文化研究所	62

せかい伝記図書館 24

武田信玄
織田信長
豊臣秀吉

いずみ書房

武田信玄
(1521―1573)

武略にすぐれ民政にも心を配り、「風林火山」の旗をかかげて戦雲を巻き起こした戦国武将。

●信玄の不運

　室町幕府の将軍のあとつぎをめぐる争いは、おおくの守護大名をまきこみ応仁の乱となりました。応仁の乱から、織田信長が、足利義昭を第15代将軍にたてて京にのぼるまでの約100年間を、戦国時代とよびます。

　この戦国時代は「自分こそ全国の支配者になるんだ」と、日本じゅうの武将が権力争いをした時代です。世の中の秩序は乱れて、力のある家来は、たとえ主人であろうと殺して新しい支配者になりました。下の者が、上の者をおしのけてのしあがるのを下剋上といい、これらのなかから戦国大名が生まれてきました。織田氏や朝倉氏などもそうです。しかし、武田氏はちがいました。武田氏は甲斐国（山梨県）の歴史ある守護大名でした。新しく生まれた戦国大名よりも有利な立場にいたといえます。

　全国を統一し、室町幕府にかわって支配者になるのには、最低３つの条件が必要でした。
　ひとつは、戦いに強いこと。ふたつめは、政治の中心地である京に近い場所にいること。全国に命令を伝えるには、朝廷があり将軍のいる京が自分の力のおよぶところにあったほうが有利だからです。みっつめは、運です。この運は、いつ何が起こるかわからない戦国の世においては、１番必要なものだったかもしれません。
　武田信玄は、第１の条件を満たした武将でした。戦国一の戦術家といわれ、訓練された武田騎馬隊は、近くの大名たちを恐れさせました。第２の地理的な条件は、京

との間におおくの戦国大名がひかえていて不利でしたが、武田軍ほどの実力があれば、京にのぼるのは決して不可能なことではありませんでした。

しかし、第3の条件の運には、最後の最後で、見はなされることになります。足利義昭を将軍にたてて京にのぼった織田信長に負けてはならないと、信長と同盟を結んでいた徳川家康の軍を三方原でやぶりましたが、よく年、病気になり、ついに目的をとげられないまま亡くなってしまうのです。

●初　陣

1521年、信玄は甲斐の守護、武田信虎の長男に生まれました。信玄という名は27歳で仏門に入ってつけたもので、幼名は勝千代です。14歳で元服すると晴信と名のりました。父信虎の代になってから、武田氏は勢いをふるうようになっていました。勝千代は、そのあとをつぐのにふさわしい、かしこい子であったといわれています。

あるとき、家来をつれて野原を歩いていると、ヒバリの巣をさがしている男に出会いました。

「朝から、ずっとさがしているのですが、まだみつかりません」

その話を聞いた勝千代は、近くの少し高いところにの

ぼり、しばらくようすを見ていました。そして、ヒバリが空から麦畑や草むらに舞いおりる位置を見さだめると、家来に巣を取ってくるように命じました。
　たちまち数十個の巣が集められました。男はおどろいてたずねました。
「巣のあるところが、どうしてわかるのですか」
　勝千代は、笑って答えました。
「ヒバリは巣を飛び立つときは、用心して巣から離れたところから飛び立つが、帰るときは、えさを早く子どもにやろうとして、空からまっすぐ巣にむかって舞いおりるものだよ」

男も家来たちも感心してしまいました。きっとすぐれた武将になるにちがいないと思ったということです。
　元服して晴信と名を改めた年の冬、父信虎が、海之口城（長野県南佐久郡）の平賀源心を攻めました。このときが晴信の初陣でした。
　信虎は、8000の軍勢をひきつれて、海之口城を攻めました。しかし、きびしい寒さで、思うように戦うことができません。信虎は、くやしがりました。一方、源心は城のなかで、武田軍がふぶきに苦しめられて、どうすることもできずにいるのを、笑っていました。
「残念だが、今回はひきあげだ！」
　ついに信虎は、館にもどることにしました。初陣をりっぱな手がらでかざりたかった晴信は、父以上に、くやしがりました。
「父上。私に、しんがりを命じていただけませんか」
　晴信が申し出ました。しんがりというのは、軍勢が退却するとき、1番うしろについて、追ってくる敵から本隊を守る重要な役目です。おおくの危険があります。
　しかし、このときは、大雪のなかを敵が追ってきそうにもありません。そこで晴信は、自分のほうから敵をだまし討ちにする作戦を考えました。
　晴信は、信虎の本隊が遠ざかるのを見とどけると、お

よそ300人の自分の兵を、ゆっくり動かしました。そして、退却すると見せかけて、兵を山にかくしたのです。
　海之口城では、武田軍が引きあげていったのを見てよろこび、祝いの酒盛りをひらきました。源心たちは、すっかり、油断をして、城内から家へ帰ってしまった武将もいました。
　夜になるのを待っていた晴信は、城のなかのようすを知ると、兵にむかっていいました。
「源心の首を取るのは、今しかない。者ども進め！」
　城壁をのぼって、火をはなち、兵たちはかん声をあげて攻めこみました。

ふいをつかれた源心たちは、あわてふためき、晴信の兵に討ち取られてしまいました。
　父が攻めあぐんでいた城を、晴信は、自分の軍だけで、しかも初陣で、討ちおとしたのでした。

●父の追放

　晴信が源心の首を取って帰ると、館のまわりは大さわぎになりました。
「さすがは、晴信さまだ。りっぱなものだ」
　家来たちは口ぐちに晴信の武勇をほめたたえました。
　父信虎も、よろこびはしましたが、意外と冷たい態度です。
「運だ。ただ運がよかっただけだ」
　信虎は、たとえ自分の子であっても自分より武勇のすぐれた者がいるなどということは、がまんができないわがままな人でした。それに、晴信よりも、弟の信繁のほうをかわいがっていました。
　信虎のひきいる武田軍の戦いぶりは、たいへんな強さでした。1日に城を36もおとしたこともあるといわれるくらいです。しかし、甲斐国の人びとは、信虎のことをあまりよくは思っていませんでした。
「信虎さまの考えは、ご自分のことばかりだ。晴信さま

なら、きっと、わしらをたいせつにしてくださる」
　領民は、晴信に期待するようになっていきました。
　1541年6月、晴信が19歳のときのことです。信虎は、娘の嫁入りさきの駿河（静岡県）の今川氏のところへ出かけたまま、甲斐へもどれなくなりました。
　晴信が、父信虎を甲斐国から追いだして、武田氏をついでしまったのです。理由は、よくわかっていません。次男の信繁に武田家をつがせるために、信虎が晴信を追い出そうとしたので、先手をうって逆に晴信が信虎を追い出したのだ、といわれています。また、わがままな信虎のおこないをきらって、甲斐の人びとが武田から去っ

ていくのを心配した晴信が、甲斐国のために父を追放したのだとも伝えられています。

いずれにしても、信虎は、晴信の命令を受けた足軽隊に、甲斐への帰り道をふさがれて、そのまま今川義元のところで暮らすことになりました。甲斐の人びとは、むしろこれをよろこび、晴信が武田家のあとをつぐことを拍手でむかえたということです。

● 富国強兵の策

晴信は、1547年、25歳のとき、武田家の家法を定めました。それには「今は戦国の世だから、何よりも武器をととのえることを優先しなくてはならぬ」と記されています。さらに武器をただ集めるだけでなく、強い兵を養成し、国の経済を豊かにすることのたいせつさも説いています。これが富国強兵の策です。

晴信は、武勇にすぐれていただけでなく、政治家としてもりっぱな人でした。甲斐国は山がおおくて、農地はほんのわずかしかありません。もし他国から侵略されたときには、食糧不足で長く戦えません。そこで、まず山を切り開いて農地をたがやすことをすすめました。農地に水を引くための運河もつくらなければなりません。洪水を起こす川には、堤防をきずかなければなりません。

　また、商業や産業が活発になるための政治にも心がけました。盛んにすることと、きびしくとりしまることをはっきりさせた政治は、戦国の武将のなかでも、とくにすぐれていました。
　甲斐国の領民みんなが兵であり、統制のとれた産業の発達を願った政治で、団結の和を固めていったのです。

● 川中島の戦い

　自立した晴信は、父が勢力をのばそうとしてできなかった信濃国（長野県）を手に入れようと計画を立てました。北条氏、今川氏、上杉氏という強い武将に囲まれ

た、狭い山国の甲斐には、広くて豊かな土地が必要だったからです。諏訪頼重を討ち、諏訪郡を手に入れたのを足がかりにして、20歳の晴信は、信濃へ攻めこみました。戦いにあけくれる毎日です。ときには敗け戦もありました。しかし、軍のたてなおしのすばやさに、晴信はしだいに、強い武将として名をあげていきました。

　最後にいちばん強く抵抗したのが、北信濃ではもっとも武勇にすぐれているといわれた村上義清でした。しかし、その義清は、晴信の数年にわたる攻撃に、ついに越後国（新潟県）の上杉謙信に助けを求めて逃げおちていきました。謙信は、たのまれるとことわりきれない正義感の強い武将でした。謙信が義清の申し出を引きうけたことによって歴史に残る「川中島の戦い」が始まりました。

　このころ、晴信は出家して名を信玄と改め、謙信とは、11年間に5回戦い、なかでも、いちばん激しくぶつかりあったのが、4回目の川中島の合戦です。

　1561年8月、海津城にいた武田軍は、越後の春日山城を出発して、妻女山に陣をしいた謙信の軍とむかいあいました。信玄は39歳、謙信は31歳でした。

　兵力からいっても地形からみても、信玄のほうが有利でした。信玄は妻女山攻撃のために1隊を進め、本隊は謙信が後退してくるところを討つ戦法を考えました。

　ところが、謙信はその作戦を先によみとり、妻女山の陣地に明あかとかがり火をもやして、夜のうちにこっそり山を降りました。全軍がそこにいるとみせかけて、奇襲攻撃をかけるためです。
　よく日9月10日の早朝、武田軍は、おどろきました。こい霧をぬって上杉軍が目の前まで、せまってきていたのです。ふいをおそわれた武田軍は、次つぎとくずれていきました。信玄の弟信繁も戦死しました。
　有名な、信玄と謙信の一騎討ちの話は、このときのもようを伝えるものです。本陣にいた信玄が、ふと気がつくと、馬にまたがった武将が目のまえに迫っています。

敵の大将謙信です。信玄は、刀をぬくひまもありません。持っていた軍配で、謙信が馬上からふりおろした刀をうけとめました。そして、少し傷を負いました。やがて、信玄の家来たちがかけつけると、謙信は馬を返して走り去ったということです。

　この話がほんとうかどうかはわかりませんが、川中島での武田軍と上杉軍の戦いは、たいへんはげしいものであったということです。

　武田軍と上杉軍の勝敗は、けっきょくつきませんでした。しかし、このあと、信濃はほとんど信玄によっておさめられ、武田氏の勢力は、ますますのびていきました。

● 風林火山

　謙信が、おとろえた武将を無理に攻めなかったのに比べ、信玄は、すきを見つけると次つぎに攻めこんだ武将でした。桶狭間（愛知県）で今川義元が信長に討たれたあと、信玄は家康と手を結んで、今川氏の駿河に出陣しました。駿河を手に入れたあとは、家康との約束をやぶって、遠江、三河の家康にむかって戦いをしかけました。

　三方原で信長と手を結んだ家康をやぶり、京に攻めのぼる目標は、着実に実現へと向かっていきました。

　しかし、信玄も病には勝てませんでした。ついに、京

へ向かうことをあきらめ、甲斐へもどる途中で、51歳で亡くなりました。そのとき、自分の死が、他国にもれると、攻めこまれるおそれがあるというので、3年間は、秘密にするように遺言を残したということです。
「疾きこと風の如く　徐かなること林の如し　侵掠すること火の如く　動かざること山の如し」
「風林火山」といわれるこの武田軍の旗の字句は、中国の兵法書『孫子』のなかから取ったものです。風のように早く、林のように静かに、火のように攻め進み、山のように動かない、という言葉は、信玄の戦い方をもっともよくあらわしていたともいえます。

織田信長
(1534—1582)

戦乱の世に幕府を滅ぼし、天下統一を夢にみながら、こころざし半ばで倒れた悲運の武将。

●若大将、あばれる

　織田信長は武田信玄より13年あとの、1534年に、尾張国（愛知県）に生まれました。父の信秀は、尾張下4郡の守護である織田大和守の家老でしたが、主人にとってかわり、尾張国半分をおさめる大名になりました。
　信長が生まれたころ、尾張のまわりには、おおくの武将がおり、たがいに勢力争いをしていました。北部の美濃（岐阜県）には斎藤道三、東の三河（愛知県と静岡県の一部）には松平広忠（徳川家康の父）がいました。さらに駿河（静岡県）には今川義元、駿河の北の甲斐（山梨県）には武田信虎（信玄の父）、その北には越後（新潟県）の長尾為景（上杉謙信の父）というように、力のある武将が地方を統一し、やがて京都にのぼって天下を支配することを夢にえがいていました。

　少しの油断で、たちまちのうちに、攻めこまれるという戦国の時代です。しっかりしなければならない信長だったのですが、少年時代は、たいへん評判が悪く、みんなから「信長さまがあとつぎでは、織田さまもかわいそうだ」といわれたくらいでした。
　髪は伸びるにまかせ、あかだらけの着物になわ帯をしめた信長は、手下の子どもたちを引きつれて、朝から晩まで遊びほうけています。ときには、かってに民家の庭に入りこみ、柿や梨の実をもぎ取っては食べ、町なかでも、もちを食い散らしながら歩いたということです。
「あの若殿では、われらも心もとないかぎりだ」

「若殿ではない。あれはばか殿だ」
　まゆをひそめたのは、家来ばかりではありません。
「生まれるのが、弟の信行と逆であったらよかったのに」
　母までが、なげき悲しみました。弟の方は、信長とちがって、大名の子らしく、いつも身なりを正し、ぎょうぎ良くしていました。
　そのような批難のなかで、ふたりだけ信長をあたたかく見まもっている人がいました。父の信秀と、お守役の平手政秀でした。しかしその父も、信長が17歳のときに病気で亡くなってしまいました。
　父の葬儀に出てきた信長は、これまでとはうってかわって、肩をおとし、なみだをこらえているように見えました。
「いくらばか殿でも、今度ばかりはまいっただろう」
　だれもがそう思いました。なかには、小気味よさそうに、ながめている家来さえいました。
　ところが、次のしゅんかんです。信じられないことが起こりました。
　焼香をするのかと思われた信長が、いきなり父の位牌に向かって香を投げつけ、あらあらしく外へかけ出していったのです。それを見ていた人びとは、おどろくよりも、あきれかえってしまいました。

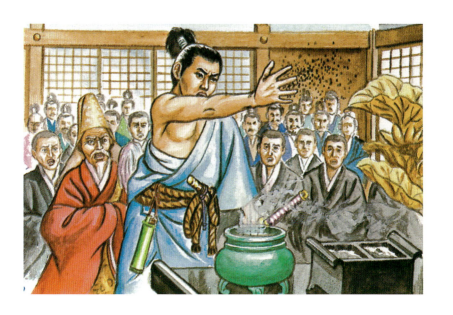

●政秀の自殺

　父の死にあっても、信長のおこないは少しもかわりません。お守役の政秀が、何度いさめても、まったくききめがないのです。年老いた政秀は「まことに、亡き殿に申しわけない」といって、ずいぶん心をいためていました。信長のふるまいを見て、今まで織田方についていた武将たちも、はなれていこうとしていました。

　父の死から２年たったある日のことです。これから出かけようとする信長のところに政秀がやってきました。
「殿、いつもながら、お元気でなによりです。殿にお会

いできるのが、じいにはうれしくて、うれしくて……」
「どうしたというんだ。昼間から泣きおって」
「政秀のいのちは、そう長くはありません」
「急に心細いことをいいおって、どうしたというのだ」
「殿、もうここらで、ほんとうの殿におもどりください。そうでないと、亡き殿にじいは、なんとおわびしてよいやら……」
「なにかと思ったら、またそのことか。じい、もういいかげんにせい！」

　かんしゃくを起こした信長は、そのまま出ていってしまいました。

　その夜、政秀は、信長に遺書を残して、腹を切って自殺しました。信長に対しては、死んで忠告をするしか、ほかに手段がないと決心したのでしょう。
「じい、許してくれ。この信長が悪かった」

　信長は、政秀の亡きがらにとりすがり、大声をあげて泣きました。政秀の死は、信長にとって、たいへん大きな悲しみでした。しかし、それでも信長は政秀の望むようにはなりませんでした。人まえをはばからずに、勝手気ままにふるまう性格は、信長のもっとも信長らしいところでした。そしてそれが、天下を統一して、新しい国造りをしようという力になっていったのでしょう。短気

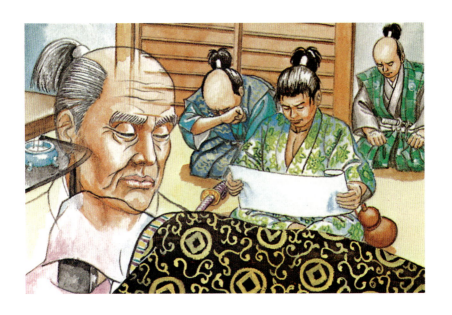

で、気性のはげしい信長でした。

● 桶狭間の戦い

　1560年、信長26歳のときです。駿河の今川義元が京に攻めのぼるため、尾張にむかって進軍を始めました。京へ行くには、どうしても信長の領地を通らなければなりません。義元は桶狭間に数万の大軍を進め、信長に使いを出しました。
「われらの軍を通してもらえるか。そうでなければ、いさぎよく戦え」
　東海第1の力をもつといわれた義元です。信長がへな

へなと、こうさんするにちがいないと考えていました。
　信長は、せいいっぱい兵を集めても、わずか3000にもなりません。家老たちは会議を開いて、信長に、おとなしく城にこもって、今川軍を通すようにすすめました。
　しかし、信長は承知しません。とうとう、まっ赤になって、おこりだしました。
「今川におそれをなした者は、この場から、ただちに立ちのくがよい。そうでない者は、信長と死をともにせよ」
　その結果、信長につき従った兵は、わずかしか残りませんでした。今川軍の数万をやぶるには、まともな戦い方をしたのでは勝てません。
　すでに今川軍は、織田軍のいくつかのとりでを攻め落として、すっかり勝った気分になり、さかもりを始めていました。そこへ雨雲がたれこめ、ついには雷がなり雨がふりだしました。
「このあらしで油断しているところを攻めるしか方法はない。尾張武士の名を残したい者は、信長につづけ！」
　信長は、そう叫ぶと、今川勢の本陣のある桶狭間めざして馬をかけました。家来たちも、信長のいきおいにさそわれて、われ先にと、あとにつづきます。
　今川軍は、まさか信長の軍勢が奇襲してくるなど夢にも考えていませんでした。おどろきで青ざめた今川軍の

兵たちは、逃げまどうばかりです。
　次つぎに今川軍は討ちやぶられ、義元の本陣の守りが手うすになりました。そこへ信長の家来毛利新助が攻めかかり、義元の首を取りました。
　信長は、雷にもまさるような声でさけびました。
「義元の首は、討ち取ったり。わが軍の大勝利ぞおっ。ただちに引きあげよ！」
　今川軍は、大将義元が討ち取られたと知ると戦う気力をなくし、戦いは、あっけなく終わりました。
　この桶狭間の戦いで、信長の名はたちまちのうちに戦国大名たちのあいだに知れわたりました。

●美濃攻め

　義元の子氏真が今川氏のあとをつぐと、信長は徳川家康（このときは松平元康）に使いを出して、味方になってくれるようにたのみました。
　家康は今川氏の人質になっていたこともあり、領地の三河も今川氏の手におさめられていました。義元の桶狭間での死ご、家康は自立して、力のない氏真に見きりをつけました。
　信長は、その家康と同盟を結び、信長は西に、家康は東にむかって勢力をのばしていくことにしました。またのちに、自分の娘を家康の長男の嫁としてとつがせました。信長は、信玄とも手を結ぶことを考えて、養女を信玄の子勝頼のもとにとつがせる一方、のちに淀君（豊臣秀頼の母）を産むことになる、妹お市も、浅井長政のもとへやっていました。
　このように、信長は、何人もの武将と親せき関係を結んで、自分の身と国を守りました。戦国時代の大名のあいだでは、女性は勢力争いの道具として、品物のようにやりとりされることはあたりまえのことだったのです。
　信長自身も、美濃の戦国大名斎藤道三の娘を妻にしていました。尾張と美濃は親せき関係を結んであることで、

うわべは平和でした。
　油売り商人から戦国大名にまでなった道三は、信長の父と戦っても、最後まで勝敗が決まらなかったほどの大名でした。信長に娘をやったのち、信長のばか殿ぶりをうわさに聞いて心配になった道三は、ある日、信長に会います。ところが、そのとき道三は、信長のほんとうの力を見ぬき、やがて斎藤家も、信長の家来になる日がくると直感したといわれています。
　ところが1556年、道三は子の義龍に殺されてしまいました。尾張と美濃の平和は終わり、10年あまりにわたる信長の長い美濃攻めが始まります。義龍を討つこと

は、義理の父のかたきうちという名目がありました。でも、何度兵を出しても、かんたんにはいきませんでした。
　義龍が亡くなると、その子の龍興があとをつぎました。おおくの強力な武将が助ける龍興の稲葉山城は、なかなか落とせません。
　やがて、信長の家来の木下藤吉郎（豊臣秀吉）が、活やくをして、美濃が攻めやすい場所に、短い期間で墨俣城を築きました。また、しだいに信長に力をかす武将もふえて、信長軍は一気に稲葉山城を攻め落とし、斎藤氏をほろぼしました。
　これで、信長は、尾張と美濃をあわせておさめることになり、京へのぼって天下を取る決意をかためました。

●室町幕府をほろぼす

　信長は33歳のとき、前の将軍足利義輝の弟の義昭をむかえ、よく年京へのぼりました。室町幕府は、名ばかりで実力のないぬけがらとなっていました。信長は義昭を第15代の将軍に立て、将軍のために二条城を建てたりしました。しかし、信長は、力の弱い将軍の家来となってはたらく気持ちなどありませんでした。
　しばらくすると信長と義昭は仲が悪くなりました。義昭は朝倉義景に信長の悪口を告げ、浅井長政らと手を結

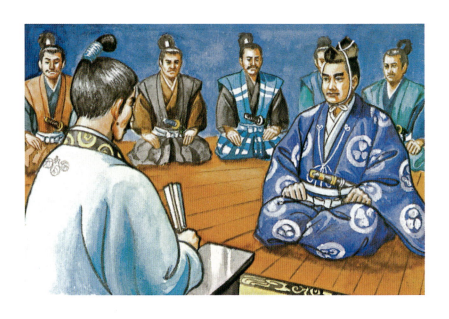

んで、大連合をきずき、信長を追い落とそうとしました。
　そこで信長は、ふたたび家康に応援をたのみ、1570年、浅井・朝倉の連合軍と姉川（滋賀県）で戦って破り、さらによく年、浅井・朝倉軍に味方した比叡山延暦寺を攻め、全山をほとんど焼きはらいました。
　そして、信長がキリスト教を保護したため、僧たちの不満はつのり、石山（大阪府）本願寺では、すさまじい戦いがくりかえされました。このとき数万の僧兵や信徒が殺されたといわれています。残忍で非情なやり方に人びとはふるえあがり、信長をうらみました。
　三方原で家康の軍に大勝した信玄が病気でとつぜん亡

くなりました。信長の動きは、このころからますます活発になり、1573年、ついに将軍義昭を京から追放して、室町幕府をほろぼしました。

●本能寺の変

　信長と家康は、長篠（愛知県）の戦いで、武田勝頼をやぶりました。よくきたえられた武田の騎馬隊も、信長たちの鉄砲隊の強さには、足もとにもおよびませんでした。
　長篠の戦いのよく年42歳になった信長は、琵琶湖にのぞむ安土山に安土城を築きました。町らしいものがなかった水田地帯に城を中心にして、城下町が造られ、新しい政治が次つぎと、おしすすめられました。
　信長は、近畿・北陸地方の攻略をなしとげると、次には中国地方に目をむけました。中国地方には毛利元就が勢力をふるっています。天下統一のために、信長は進軍の大将に羽柴（豊臣）秀吉を選んで、命令を下しました。
　1582年、信長は、秀吉の軍を助けるために、自分も西へ向かって進軍しました。安土をたち、京の本能寺へ着いたのが5月29日でした。
　ところが、6月2日の早朝のことです。思いもかけない兵におそわれました。中国地方へ、1万あまりの兵をひきいて先に出陣させていた家来の明智光秀に、むほん

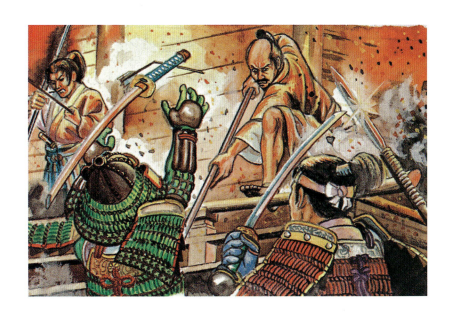

をおこされたのです。
　信長は、弓を引き、やりをふるって戦いました。しかし、本能寺はたちまち戦火につつまれ、最期をさとった信長は、燃えさかる炎のなかで切腹してはてました。48歳、天下統一の夢をほぼ半ばまでなしえたときでした。
　光秀も、そのご、信長の死を知ってかけつけた秀吉に山崎の合戦で敗れ、あわれな最期をとげますが、なぜ主人の信長にむほんをおこしたかは、はっきりしていません。戦国の乱れた世の中では、普通のことだったのかもしれません。しかし、信長の天下統一の夢は、秀吉によって受けつがれ、なしとげられました。

とよとみひでよし
豊臣秀吉
（1536—1598）

農民から武士、関白にまで出世して念願の天下統一をなしとげた、知恵と勇気の戦国大名。

● ぞうりのぬくもり

豊臣秀吉が、まだ20歳のころ、織田信長に仕えたばかりで、木下藤吉郎と名のっていたときの話です。

「馬だ。馬をひけい！」

信長は、毎朝、狩りに出かける習慣がありました。たいへん寒い今朝も、いつものように荒あらしい足おとをたてて出てきました。いねむりをしかけていた藤吉郎は、信長の声に、あわててふところから、ぞうりを取り出しました。寒い日ははきものが冷たいだろうと思った藤吉郎は、自分の胸であたためていたのです。

ところが、ぞうりが温かいことに気づいた信長はよろこぶどころか、どなりつけました。

「ふらち者め！主人のはき物をしりにしきおったな」

信長の手にもっていた弓がふりおろされ、ひざまずい

た藤吉郎の背中に熱い痛みが走りました。
　藤吉郎がぞうりにすわって、なまけていたと感ちがいをした信長は、すっかり気げんを悪くして、狩りをとりやめてしまいました。
　あとになって、ほんとうのことを知った信長は、忠実な藤吉郎に感心したということです。藤吉郎は、ぞうり取りから、薪奉行に役を引きあげられ、薪のむだ使いをとりしまる仕事を、りっぱにやりとげました。
　信長は、気しょうのはげしい、気まぐれな性格の大名でしたが、家来の家柄などにはこだわらず、能力のある者は、どしどし重い役にとりたてていくという考えを

もっていました。やがて関白にまで出世する藤吉郎は、この信長にめぐりあったことが幸せだったのです。

●武士になった農民の子

豊臣秀吉は、尾張国（愛知県）の中村で生まれました。父の木下弥右衛門は農民でしたが、むかしは、織田信秀（信長の父）にやとわれ、いちばん身分の低い兵として足軽をつとめたこともありました。しかし、この父は早く亡くなり、幼い秀吉と姉は、母が２度めにとついだ竹阿弥という農家で育てられました。家の暮らしは貧しく、世の中は、戦に明け暮れる戦乱の時代でした。

秀吉の少年時代のことは、いろいろ語り伝えられています。でも、どれがほんとうのことなのか、まったくわかりません。寺にあずけられたことや、瀬戸物屋へ小僧にだされたことがあったなどといわれています。また、家をとびだして野武士の仲間に入り、盗賊の手だすけをしたこともあったとも伝えられています。こんなにはっきりしたことがわからないのは、大出世した秀吉にとって、かくしたいことがおおかったのかもしれません。

15歳のころ、遠江（静岡県）のあたりで木綿針を売りあるきながら生活をしているときに武家の松下之綱に出あい、仕えることになりました。秀吉が、足軽だった

父と同じように武士になることを夢見ていたとすれば、このとき、夢への第一歩をふみだしたことになります。

之綱には、気にいられたようです。しかし、数年ごには、尾張へもどりました。尾張の信長は、まだ強い武将だとみとめられてはいませんでしたが、あばれんぼう信長の名は、有名になっていました。秀吉は、そんな信長になにかひきつけられ、ぜひ仕えてみたいと思うようになっていたのです。

●サルがつくった墨俣城

「サル、そちならできるか？」

家来のおもな者を集めて相談していたとき、信長は、藤吉郎をよびつけていいました。藤吉郎は、からだが少し小さく、そして色が黒く、どことなくサルににていました。だから、あだ名をサルとつけられていました。
「はい、できます。私に、おまかせください」
　藤吉郎は、少しもためらわず、きっぱりと答えました。
　このとき信長は、京へのぼるためにも、長いあいだ戦いつづけてきた美濃（岐阜県）の斎藤氏を、１日も早く討たねばなりませんでした。しかし美濃は川がおおく攻めにくい土地です。そのうえ斎藤氏には強い武士が味方についていました。
　そこで信長が考えたのが、墨俣城をつくることでした。墨俣は長良川の西岸です。斎藤氏の稲葉山城とむかいあう位置にあり、城がつくりにくいところです。すでに何人もの家来が、城づくりに失敗していました。
　信長は、いまにも爆発しそうな怒りをおさえているときに、ふっと、藤吉郎を思いだしたのです。
　墨俣城をつくる命令をうけた藤吉郎は、その土地の荒あらしい野武士たちに、協力を求めました。ほかの家来が考えた方法では、とてもつくれないと思ったからです。
　野武士たちは、敵の領地の山から木を切りだし、川から石を運びました。そして、あれよあれよという間に、

城をきずきあげてしまいました。
　おどろいたのは、信長や家来ばかりではありません。敵の斎藤龍興は、少しゆだんした間に目の前に城ができたのですから、あわてふためきました。
　やがて、この城を基地にした織田軍は一気に稲葉山城に攻めかかり、ついに斎藤氏を滅ぼしてしまいました。
　藤吉郎の名があがったことはとうぜんです。武将の仲間入りをした藤吉郎は、この墨俣城をあずかりました。

●ころがりこんだ天下統一

　藤吉郎は、1570年に信長が京へ上ったときの姉川の

戦いでも、大活躍しました。そして数年ごには近江国（滋賀県）長浜城の城主にまで出世しました。38歳のときのことです。このとき名まえを、羽柴秀吉とかえました。
　1577年には、天下統一をいそぐ信長の命令で、兵を中国地方へ向けました。めざす敵は毛利氏です。
　秀吉は、頭を使った作戦で、次つぎに城を落として勝ち進みました。とくいな戦法は、十分に準備をととのえたのち、たくさんの兵で、敵をおどしながら攻めるという方法でした。また、城をとり囲み、敵に食糧がなくなるのを待つという長期戦も用いました。
　1582年6月、秀吉は、備中国（岡山県）高松城にたてこもって毛利氏に味方をする、清水宗治を攻めました。このときも、近くの川をせきとめ、城のまわりを水びたしにして城内の食糧がなくなるのを、待ちつづけました。
　ところがこのとき、おどろく知らせを受けました。
「光秀が、信長さまを……」
　いっしょに信長に仕えてきた明智光秀が、本能寺でむほんを起こしたのです。秀吉の胸のなかは、信長を亡くした悲しみと、光秀へのはげしい怒りでいっぱいになりました。しかし、早く京へひき返して光秀を討ちたい気持ちを、おさえなければなりませんでした。
　信長の死をまだ知らない毛利氏は、やがて援軍をひき

つれて秀吉のもとへかけつけてくる信長の力をおそれ、講和をむすんだほうがよいかもしれないと、考えはじめているところだったからです。

　秀吉は、その機会をのがしませんでした。宗治を切腹させて毛利氏と講和をむすぶと、あっという間に兵をひきあげ、信長の死ごわずか11日めに、光秀を京都山崎で討ちとりました。

　よく年、ますます出世する秀吉をこころよく思わない柴田勝家を、賤ヶ岳の戦いで破り、さらにつぎの年には、尾張の小牧・長久手で徳川家康と戦いました。家康との戦いには手をやきました。しかし、数か月ごに講和をむ

すび、秀吉は家康に、天下統一への協力を求めました。
　信長のなしとげられなかった天下統一まで、あと１歩です。秀吉は、信長が誇った安土城の２倍もあるという大坂城をきずき、兵を西に向けて四国を平定しました。
　主君信長のかたきを討って４年、秀吉の夢は、果てしなくふくらんでいきました。

● 目に入れてもいたくない子

　1584年、秀吉は、天下に威力を示すために征夷大将軍になることを考えました。しかし、朝廷のゆるしをもらえませんでした。しかたなく秀吉は、かわりに公家の最高の職を望み、よく年には、関白の位を自分のものにしました。そして、関白にふさわしい名まえにあらため、豊臣秀吉と名のりました。
　貧しい農民の子から、武士、大名、関白になるというおどろくべき出世に、人びとは、そのうち秀吉が天皇になるのではないかとさえ、ささやいたということです。
　1587年、西へ出陣して、九州を平定しました。そして３年ごには、小田原の後北条氏を討って滅ぼし、東北の大名伊達政宗らを従わせ、信長の天下統一の夢を、ここに秀吉の手でなしとげました。
　秀吉は、それまでの数えきれないほどの苦しみや戦い

を思い返すと、あふれでるなみだがとまりませんでした。農民の貧しい暮らしが、大坂城でのぜいたくな暮らしに変わったのは、あっという間のできごとだったように思えました。

　秀吉に、もうひとつ顔をほころばせるできごとがありました。それは豊臣家のあとをつぐ鶴松の誕生です。男子の誕生を待ちわびていた秀吉にとっては、天下統一以上にうれしいことでした。しかし、鶴松は、わずか2歳で亡くなってしまいます。喜びの絶頂にあった秀吉は、1度に、悲しみの底につきおとされてしまいました。
「もう、わしの子どもは生まれんじゃろ。秀次を養子に

もらうしかないな」

　55歳になっていた秀吉は、自分の子はあきらめ、おいの三好秀次を養子にして、関白の職をゆずりました。しかし、関白はゆずっても、自分を太閤と呼んで、政治の実権ははなしませんでした。

　ところが、次の年、秀吉にまた男の子が誕生しました。まったくあきらめきっていたときに、天からさずかるようにして生まれた子どもです。秀次に豊臣家をつがせておきながら、秀吉は、世つぎの誕生のよろこびを、かくしきれません。秀次への態度が、しだいに、冷たくなるのもむりがありませんでした。

　生まれた子どもの秀頼が3歳になった年、秀吉は、秀次がむほんをくわだてたとして、関白の職をとりあげたうえに切腹させてしまいました。また、秀次の妻や子どもなど39人も殺しました。秀頼かわいさとはいえ、あまりにきちがいじみた秀吉のおこないに、京の町の人びとはふるえあがったということです。

● **夢は中国・インドへ**

「ほんとうか？朝鮮がことわってきたというのか」
　秀吉は、天下統一のあと、外国との貿易を盛んにする夢をいだき、朝鮮へ使節を送りました。中国の明との通

商ができるように、朝鮮になかに入ってもらうことを考えたからです。ところが、朝鮮は秀吉のたのみをききません。秀吉は、かんかんに怒りました。
「出兵だ、朝鮮を討て」
　小西行長、加藤清正など、秀吉の強い家来がまず出陣し、あとに、黒田氏、毛利氏などの、およそ17万の大軍がつづきました。しかし、はじめは次つぎに勝ち進んでいた秀吉の軍も、明が大軍を送って朝鮮を助けるようになると、負け戦がおおくなっていきました。
　秀吉は、朝鮮出兵を始めて5年めに、しかたなく講和をむすびました。ところが、朝鮮からの使者の手紙には

「おまえを日本の国王にする」と書かれているだけで、秀吉が望んでいた貿易の条件は、無視されていました。
　秀吉の夢は、中国をおさえ、インドに進み、これに日本を加えた３つの国を自分の手におさめようという、壮大なものだったといわれています。使者の手紙に怒った秀吉は、ふたたび、朝鮮を討つ命令を下しました。
　しかし、この２度めの朝鮮出兵は、長い間の戦いの疲れと、ばく大な費用の負担で、大名たちの不満をつのらせただけでした。数えきれないほどの人命が失われ、国土は荒れはて、秀吉は、朝鮮の人びとからも、うらまれました。

● 秀頼のことを気づかいながら

　1598年、秀吉の命じた軍が、朝鮮と明を敵にまわして苦しい戦いをつづけているとき、秀吉は、京都の醍醐寺で盛大な花見の会をもよおしました。幼い秀頼をつれて桜の下を歩く秀吉の口もとからは、ほほえみがこぼれ、朝鮮で戦っている家来たちのことなど、すっかり忘れてしまったかのようでした。
　「秀頼のことを、よろしくたのみます。くれぐれも、秀頼をたのみますよ。そのほかには、なにも思いのこすことはありません」

　花見をおこなったその年の8月、病気になった秀吉は、自分の最期を予感して、徳川家康や前田利家など、おもだった5人の大名に遺書をしたためました。そして、露のように生まれ、露のようにはかなく消えていくわが身をふりかえると、すべてのことが夢のような気がするという、辞世の和歌をよみました。
　露と落ち露と消えにしわが身かな
　　　　　　　浪華のことも夢のまた夢
　秀吉の朝鮮出兵は、最大の失敗だったといわれています。6歳の秀頼を気遣いながら62歳で亡くなった秀吉の心は、最後まで不安でいっぱいだったのかもしれません。

千　利休 (1522—1591)

　千利休が、天下統一をなしとげた豊臣秀吉の命令で腹を切ったのは、1591年2月28日のことです。ごうまんな権力をどこまでもおし通そうとする秀吉と、たとえ命をおとしても、誇り高い芸術家として茶の湯を守ろうとした利休との闘いは、こうして利休の死で終わりをつげました。利休は69歳でした。

　利休の父の田中与兵衛は、和泉国（大阪府）の堺で倉庫業や魚問屋をいとなみ、屋号を千と名のっていました。

　そのころの堺は貿易港として栄え、商人たちのあいだでは茶の湯がさかんでした。本名を与四郎といった利休も、家業を手伝うかたわら、茶の湯に心ひかれながら育ちました。

　利休は、10数歳の少年時代に、すでに北向道陳という先生から茶の湯を学んだといわれます。そして18歳のころには、名高い武野紹鷗のもとへ弟子入りして、奥深い茶の湯の作法と心を少しずつきわめていきました。

　紹鷗の茶は「わび茶」とよばれ、かざりけのないことと、落ちついたさびしさのなかの深い味わいを、たいせつにするものでした。利休は、さらにその中に禅の世界をとり入れることを考え、京都の大徳寺に入って禅の修行にはげみました。このとき髪をそり、与四郎の名を宗易とあらためています。

　50歳をすぎたころ、利休は、茶の湯を教える茶頭として織田信長に仕え、信長の死ごは、豊臣秀吉の茶頭となりました。そして天下統一へ突き進む秀吉に、まるで影のようにつきそい、戦場に茶の湯の席をもうけて、秀吉や大名たちをねぎらうことも、めずらしくありませんでした。

　1585年、秀吉が宮中で正親町天皇に茶を献じたとき、利休は、その茶会をりっぱにとりしきって晴れの舞台をかざり、天下一の茶の湯の宗匠とたたえられるようになりました。こののち、大名、武士、貴族、僧、町人たちが先を争って、利休のもとへ弟子入りしたと伝えられています。

　ところが、この天下一が、最後にはわざわいのもとになってしまいます。秀吉のそば近くに仕えているうちに、いつのまにか政治さえ動かすほどの力をもち、それが、天下をとった自信にあふれる秀吉に、利休をにくむ心をめばえさせたのです。

　腹を切ったときの利休のすがたは、どんな武士よりもりっぱだったといわれています。利休が、静かに死に立ちむかうことができたのは、茶の湯をとおして、芸術家として大成していたからです。利休によって芸術として高められた茶の湯は、そのご、日本人の生活文化として、ますます栄えていきました。

上杉謙信 (1530—1578)

1561年9月9日の夜のことです。妻女山（長野県）に陣をしいて敵のようすを見つめていた上杉謙信は、声をおし殺して家来に命じました。敵は武田信玄です。
「信玄のやつめ、夜明けとともに討ってくるにちがいない。よし、裏をかいてやれ。それっ、かがり火をもっとたけ！」
かがり火を2倍、3倍にふやすと、上杉軍は静かに山をくだりました。山の上に兵が集まっていると見せかけて千曲川を渡り、夜明けとともに、信玄の陣におそいかかる作戦です。
東の空が白みはじめたときは、武田軍は目の前です。やがて合図とともに敵陣へなだれこみました。ふいをおそわれた武田軍は、次つぎにくずれてゆきます。川中島での4度めの大きな戦いでした。
この戦いで敵の本陣におどりこんだ謙信は、馬上から信玄に切りかかり、それを軍配でうけとめた信玄に傷を負わせたと伝えられています。好敵手、謙信と信玄の一騎討ちです。
生涯を「戦場こそ生きがいだ」と心に決めて生きた上杉謙信は、越後（新潟県）の春日山城主長尾為景の次男として生まれました。父の死ご、長尾家をついだのは兄の晴景でした。ところが謙信は、意見があわなくなった晴景と争い、この兄を隠居させて、自分が城主になりました。18歳でした。
2年ご、姓を上杉と改めました。守護の上杉定実が、謙信に上杉家をついでほしいと遺言して死んだからです。
「戦場こそ生きがい」の生涯は、22歳のときに始まりました。北条氏に追われた関東管領上杉憲政を助けることから起こり、

　そのご 17 年もつづいた、北条氏との戦いです。謙信は、越後を守りながら軍を関東へ進め、小田原城を攻めました。
　また、その間に、越中（富山県）における一向宗信徒の反乱にも兵をだしました。武田信玄との 11 年間５回にわたる川中島での戦いも、北条氏とにらみあいをつづけていたあいだの戦です。信玄との戦いは、けっきょく勝負がつきませんでした。
　謙信は、戦のじょうずな武将でした。戦場で「毘」の文字が書かれた旗を見ると、敵は、ただそれだけでおそれをなしたといわれています。また、情深く正義感の強い武将だったともいわれ、戦場で塩がなくて困っている敵の信玄に、塩をおくったという有名な話が伝わっています。
　謙信は、信玄が亡くなって５年ごに病気でたおれ、48 歳で亡くなりました。織田信長を討つ準備を進めていた最中のことでした。戦国武将謙信の夢も、天下を取ることだったのです。

狩野永徳（1543—1590）

　ふすま、障子、びょうぶ、壁などにえがかれた絵を、障壁画といいます。織田信長が天下取りの夢を果たしかけた1575年から、豊臣秀吉が死んで徳川家康が天下を統一する1600年までの安土桃山時代は、この障壁画がもっとも栄えた時代です。
　信長や秀吉は、自分の力をしめすために城や寺を盛んに建て、一流の絵師に、障壁画の腕をふるわせました。狩野永徳は、このころを代表する絵師です。
　永徳は、日本画で有名な狩野派を受けついできた家に生まれました。父の松栄も、祖父の元信も、すぐれた絵師でした。とくに、狩野派のきそをきずいた元信は、仕事にたいへんきびしく、仕事中は、たとえ大名がたずねてきても「絵師が筆をとっているときは、武士が真剣勝負をしているときと同じだ」と、応対にも出なかったという話が残っているほどです。
　永徳は、幼年時代から、このきびしい祖父の教えをうけ、16歳のときに祖父を失ったころには、すでに狩野派の絵師として世に知られていました。そして20歳をすぎると、貴族の家や寺院の障壁画に、父松栄をしのぐ筆をふるうようになりました。
　33歳のとき、永徳の名を天下一にする機会がおとずれました。信長がきずいた安土城の5層7重の天守閣に、障壁画をえがくことを命じられたのです。永徳は、金箔を張りつめた大障壁に力づよい筆を走らせ、信長に「これこそ天下にふたつとないものじゃ」と、うならせました。
　信長が本能寺で明智光秀に殺されてからは、秀吉に重く用いられ、大坂城や聚楽第の障壁も、永徳の筆でかざりました。ま

た、大きな屋敷を建てた大名たちにもまねかれて、数おおくの絵をえがきました。壁やふすまなどをかざった松、梅、人物などは、実物に近いほどの大きさのものもあり、その雄大さや迫力は、戦乱の世に生きる武将たちの心をとらえてはなしませんでした。眼光のするどい唐獅子が岩のあいだをのし歩く『唐獅子図屏風』などは、おそろしいほどの力にあふれています。

　しかし、この『唐獅子図屏風』のほか、織田信長が上杉謙信におくったとされる『洛中洛外図屏風』、京都の大徳寺聚光院の『山水花鳥図』などをのぞくと、永徳の絵とはっきりしているものは、ほんのわずかしか残っていません。おおくは、武士の争いで焼け失せてしまったとみられています。

　永徳は、父よりも2年早く、47歳という若さで世を去りました。このとき絵師からも武士からも、その早い死が惜しまれたということです。まさに天才的な日本画家でした。

角倉了以 (1554—1614)

「おうーい。角倉船が、はいるぞぉ!」

見ると、沖あいから、帆をふくらませた大船が、こちらへむかって入ってきます。港は、商人と角倉船を見物しようとする人たちでにぎわっていました。

1592年、海外貿易で富を集めようと考えた豊臣秀吉は、京都、長崎、堺などの大商人たちに、朱印状をあたえました。朱印状というのは、外国と貿易をしてもよいという許可証です。朱印状をもらった了以の船は、おもに安南国(ベトナム)と貿易を始めました。

了以は、明(中国)に渡ったことのある名高い医者の吉田宗桂の子として、1554年に京都に生まれました。医者のほかに土倉業(金融業)もいとなむ豊かな家でした。

戦いにあけくれる戦国時代の世の中でしたが、了以の生まれる10年ほど前には、ポルトガル人によって鉄砲が日本にもたらされ、外国との貿易が活発になり始めたときでもありました。貿易に興味をもった了以は、医者のあとをつぐのは弟にゆずって、自分は商人になるこころざしを立てました。

京都の清水寺に、了以の安南国へ航海した船が、ぶじに帰ってきたことを感謝しておさめた絵馬が残っています。それを見ると、長さ約36メートル、幅約16メートルで397人乗りという大きな船でした。

この船に、銀貨をはじめ、銅、いおう、しょうのう、家具などを積みこんで出航し、帰りには、生糸、絹織物、綿織物、香木、砂糖などを日本に運んできました。これらの品物で、了以

は、たいへんな利益を得ることができました。
　ところが、50歳を過ぎると、貿易のほうは息子の素庵にまかせて、河川開発にのりだしました。1606年、徳川幕府のゆるしを受けて、大堰川（京都の桂川・保津川の上流）の工事を手がけました。大石をとりのぞき、浅瀬を掘って、船が自由に通れるような水路をつくったのです。完成したのちは、この水路を使って、米や塩、木材などが運べるようになり、やすく物が手に入るようになりました。
　1607年には、今度は幕府の命令で、富士川の工事をおこない、そのご、京都の賀茂川の水をふたつにわけて、二条から伏見に通じる運河をつくりました。これが高瀬川です。
　了以は、1614年、60歳で世を去りましたが、息子の素庵が貿易とともに河川開発の事業もひきうけ、その子巌昭も貿易をついで、3代にわたって貿易業がつづけられました。

本阿弥光悦 (1558—1637)

　本阿弥光悦、近衛信尹、松花堂昭乗。江戸時代の初めに書道の名人だったこの３人を「寛永の三筆」とよんでいます。
　あるとき、信尹が光悦にたずねました。
「いま、天下の書道の名人といえば、だれであろうか」
　すると光悦は、まず自分の手の親指を折ってから答えました。
「つぎは近衛さま、そのつぎは八幡の坊の昭乗どのでしょう」
「なに、すると１番はだれだ」
「はい、それは、わたくしでございます」
　これを聞いた信尹は、自分は２番めといわれても、光悦のどうどうとしたことばに、おこることもできませんでした。
　これは、光悦が人にへつらわない、いかにも芸術家らしい人間であったことを伝える話です。
　本阿弥光悦は、豊臣秀吉の時代から江戸時代の初めにかけての芸術家です。1558 年に、京都で何代も刀の鑑定をつづけてきた名家に生まれ、刀の美を学びながら成長しました。
　しかし、光悦は、ただ刀の品定めをするだけでは、おさまりませんでした。10 歳のころから約 30 年、織田信長と豊臣秀吉の力で、はなやかな安土桃山文化が栄えた時代に生きて、しだいに芸術家の道へ入っていったのです。
　それも、ひとつやふたつの芸術を学んだのではありません。書道のかたわら絵もかきました。とくに、すずり箱などの漆器に、金、銀、銅、錫の粉末や顔料とよばれる絵のぐでかく蒔絵では、青貝をちりばめる方法を考えだして、光悦蒔絵とよばれるほどのものを完成させました。

　茶道を学ぶうちに、焼きものの深い美しさにひかれ、名器といわれる茶わんも作りました。また、石を並べ池を掘って、名園とたたえられる庭も作り、能を愛して能面も彫りました。
　さらに、学問をたいせつにした光悦は、自分が字を書き俵屋宗達が絵をかき、ふたりで力を合わせて、歌集や『方丈記』『徒然草』などの古い名作を出版しました。
　光悦が手をのばした芸術の広さは、おどろくばかりです。しかも、作られたものは、どれも歴史に残っています。
　1615年、57歳のとき、光悦は徳川家康から京都の北の鷹峰に土地をあたえられ、この地におおくの芸術家たちを集めて芸術村を作りました。そして、自分は書を書き、茶わんを焼き、茶の湯を楽しみ、1637年に79歳で芸術家の生涯を終えました。
　年をとってからの光悦は、持っていた名器や名作は人にあたえ、自分はそまつな道具で、気ままに暮らしたということです。

石田三成 (1560—1600)

　大きな茶わんで、3ばいめの茶をゆっくり飲み終えた豊臣秀吉は、たいへん満足そうに言いました。
「なかなかの手並みじゃ。それぞれに茶も違ったようじゃが」
　このころ、すっかり茶の湯にこっていた秀吉は、自信をもっていいました。ところが茶をさしだした小僧は、きっぱりと答えました。
「お言葉ですが、ただいまのお茶は、同じものでございます」
　小僧は、はじめの1ぱいは、うんとぬるく量はおおめに、2はいめは少し熱く量はひかえめに、そして3ばいめは、うんと熱くして量はおもいきってへらし、秀吉の舌が熱さになれてくるにしたがい、茶を楽しめるように心をくばったのです。
　秀吉は、面目を失いました。しかし席を立つとき、小僧に必ず城にたずねてくるように申しつけました。
　近江国（滋賀県）の長浜城主であった秀吉が、タカ狩りでのどがかわき、ふと見つけた山寺で、茶を望んだときの話です。
　この小僧こそ、のちの石田三成です。そのころ佐吉といった小僧は、この3ばいの茶の知恵でとりたてられ、生まれつきのかしこさから、秀吉にかわいがられるようになりました。
　1585年、秀吉が関白になると、三成は、まだ25歳の若さで、前田玄以、増田長盛らの重臣たちにまじって五奉行のひとりになりました。そして、2年ご、秀吉が全国を統一するために九州で戦ったときには、食糧輸送の大役を果たし、さらに戦いのあとは、荒れた博多の町をたてなおすことなどに力をつくしました。

　秀吉が進めた検地でも中心になってはたらき、朝鮮出兵のときにも頭脳をいかして活躍しました。しかし、命をかけて戦う武将たちからは、あまりよく思われていませんでした。ただ強いだけではなく、才知をはたらかせる武将だったからです。
35歳で近江佐和山（滋賀県彦根市）の城主になったときは、その才知で、領民のためのすすんだ民政をおこないました。
　1598年に秀吉が亡くなると、三成は、勢力をのばしてきた徳川家康と、きゅうそくに仲が悪くなりました。そして２年ご、ついに家康の策略にかかって美濃（岐阜県）に兵をあげました。天下分け目の関ヶ原の戦いです。いつになっても勝敗がつかないかと思われるほどの、激しい戦いでした。
　しかし、三成は敗れました。小早川秀秋らに裏切られたからです。捕えられた三成は、首をはねられてしまいました。豊臣家に最後まで忠誠をつくした、信義にあつい武将でした。

加藤清正 (1562—1611)

　加藤清正は、尾張国（愛知県）中村に生まれ、幼名を夜叉丸といいました。父を早く失い、幼いうちに母の縁をたよって近江国（滋賀県）長浜に移り、そのころ長浜城の城主となっていた羽柴（豊臣）秀吉に仕えました。元服ご、虎之助清正と名のります。

　清正は、19歳のころから出陣して、次つぎに手がらをたてました。とくに、清正の名をとどろかせたのは、秀吉が柴田勝家と天下を争った賤ケ岳の戦いです。やりを手にした勇ましい戦いぶりで、秀吉の家来の7本やりのひとりに数えられるようになり、3000石を与えられました。そして、秀吉が天下統一への道を進めば進むほど、清正も出世をとげ、1588年には、肥後国（熊本県）の半分を支配する19万5000石の大名になりました。このとき、まだ26歳の若さでした。

　1592年、1万の兵をひきいて海を越え、朝鮮へ攻めこみました。明（中国）を討つために、まず朝鮮を征服しようとする秀吉の命に従ったのです。城を落とし、国王を追い、王子を捕えて北へ北へ進む清正の戦いぶりは、のちに虎退治をしたという話までつくられるほど、勇ましいものでした。

　ところが、明軍が朝鮮に味方をするようになると、戦いは苦しくなり、いっしょに出陣していた小西行長や日本にいた石田三成らの考えで、朝鮮との講和がすすめられました。でも清正は戦いつづけることをとなえ、そのため行長、三成と少しずつ対立するようになっていきました。

　講和は成功せず、日本へひきあげていた清正は、1597年にふたたび海を越え、勇敢に戦いました。

　文禄・慶長の役とよばれる、この朝鮮での戦いは、1598年の秀吉の死で中止されましたが、対立した行長や三成とのみぞは、ますます深まるばかりでした。
　秀吉が死んだあとの権力争いから、1600年に天下分け目の関ヶ原の戦いが起こると、九州にいた清正は、行長の城を攻めました。家康がわについたのです。そして、その手がらで52万石の大名となり、天下に誇る熊本城をきずきました。しかし、このとき家康に味方をしても、豊臣家の恩は、生涯、忘れませんでした。そのごも、秀吉が残した秀頼を守りつづけています。
　49歳で世を去った清正は、けっして、ただ強いだけの武将ではありませんでした。城をきずく技術にすぐれ、また、土木工事に力を入れて田を広げ、領民たちのことを深く考えた政治を進めました。いまも、清正公さんとよばれて、熊本の人びとに愛されつづけています。

「読書の手びき」

武田信玄

室町幕府から諸国の支配を委任されていた守護大名が2つに分かれ、京都を中心にして11年間にわたって争い続けた応仁の乱。この戦乱によって足利氏の権威は失墜し、世は、そのまま群雄割拠の戦国時代へなだれ込みました。多くの武将が強力な武士団を組織して、天下取りをねらったのです。守護大名武田信玄も、その1人でした。信玄は戦略家としてすぐれていました。そして、もう一つ、政治家としてもすぐれていました。領土を広げるだけではなく、産業を興し、宿駅をととのえ、治水工事を進めるなどして領内を豊かにすることにも力を注ぎ、その善政に、領民たちは心服していたということです。詩や歌が好きだった信玄は、ただ強いだけの武将ではなかったことに、名将として仰がれる秘密があります。

織田信長

「人間50年、下天の内をくらぶれば、夢幻のごとくなり」。この詩をこのんだ織田信長は、まさしく、あと2春秋で50歳というときに、本能寺の火炎に包まれて果てました。生涯のほとんどを戦いに明け暮れた信長は、勇猛果敢ではあったが、冷酷傲慢な武将だったといわれます。天下取りのためには、敵がきずいたものは徹底的に破壊し、大量虐殺なども平気で行いました。そして、全国統一を目前にして、自分のふところにいた家臣の謀反に倒れました。まさに、戦国武将の典型だといえます。討たなければ討たれるという時代を、疾風のように駆け抜けたのです。しかし、戦いのかたわら、都市をつくり、交通や商業を盛んにし、イエズス会員を保護してヨーロッパ文化の吸収につとめるなど、新しい社会の建設にもしっかり目を向けていました。もし、あと10年生きていたら、おそらく天下統一の夢を果たしたにちがいありません。夢半ばにして露と消えていった戦国武士たち。